W0378469

DIE ZEIT Klassik-Edition

20 große Interpreten in 20 Bänden

Mit dem Besten aus der ZEIT,
u.a. mit Beiträgen von
Eleonore Büning und Claus Spahn

Band 16
Alban Berg Quartett

Zeitverlag Gerd Bucerius GmbH & Co. KG

Impressum:

Herausgeber
Zeitverlag Gerd Bucerius GmbH & Co. KG
Pressehaus
Speersort 1
20095 Hamburg

Die ZEIT Klassik-Edition erscheint im Zeitverlag Gerd Bucerius GmbH & Co. KG.

Musikaufnahmen EMI Music Germany GmbH & Co. KG
Das Copyright für die ZEIT Klassik-Edition liegt beim Zeitverlag.

Redaktionsleitung Volker Hagedorn
Redaktion Maren Soehring
Bildredaktion Andy Heller (verantwortlich), Anna Schäfer
Grafische Konzeption und Einbandgestaltung Ingrid Nündel
Satz und Repro Zeitverlag Gerd Bucerius GmbH & Co. KG
Druck und Bindung GGP Media GmbH, Karl-Marx-Str. 24, 07381 Pößneck
Printed in Germany
Bildnachweis Einband, Umschlag und CD Sheila Rock/EMI Classics (2); Marion Kalter/akg-images

ISBN Gesamtreihe: 3-476-02200-5
ISBN Band 16: 3-476-02216-1

» Es sollten viel mehr Menschen auf der Welt Streichquartett spielen, auch wenn sie nicht gut spielen. Aber sie können für das menschliche und soziale Leben noch sehr viel lernen. «

Thomas Kakuska,
Bratscher im Alban Berg Quartett

Inhalt

Die bedeutenden Streichquartette der Klassik und Moderne hatte das Alban Berg Quartett bereits eingespielt, da begannen die vier Musiker Ende der achtziger Jahre mit der Veröffentlichung von Live-Aufnahmen. Auch die auf dieser CD kombinierten Werke von Franz Schubert, darunter sein berühmtes Streichquartett *Der Tod und das Mädchen,* gehören dazu. Sie zeigen, dass bei einem spieltechnisch vollkommenen und in vielen Jahren aufeinander eingestimmten Ensemble der Live-Mitschnitt Qualitäten erreichen kann, die jeder Studiositzung überlegen sind. Das gemeinsame Atmen, der so sensible wie körperhafte Wechsel von Nuancen und Farben, das delikate Verdeutlichen von Strukturen in einer zu immer neuer Balance findenden Spannung – solche Aspekte bestätigen den Rang der Wiener Formation als eines der weltbesten Kammermusik-Ensembles. In den Konzertmitschnitten von 1994 und 1997 ist das Alban Berg Quartett mit den Geigern Günter Pichler und Gerhard Schulz, dem Bratscher Thomas Kakuska († 2005) und dem Cellisten Valentin Erben zu hören.

Alban Berg Quartett – Inhalt der CD

Franz Schubert (1797–1828)
Streichquartett Nr. 14 d-Moll D 810
„Der Tod und das Mädchen“ (1824)

1 Allegro (11:28)
2 Andante con moto (10:43)
3 Scherzo (Allegro molto) (3:29)
4 Presto (9:02)

Streichquartett Nr. 10 Es-Dur D 87 (1813)

5 Allegro moderato (9:16)
6 Scherzo (Prestissimo) (1:56)
7 Adagio (5:30)
8 Allegro (5:32)

Streichquartett Nr. 12 c-Moll D 703 (Quartettsatz) (1820)

9 Allegro assai (8:55)

Gesamtspielzeit 66:08

Alban Berg Quartett: Günter Pichler, 1. Violine; Gerhard Schulz, 2. Violine; Thomas Kakuska, Bratsche; Valentin Erben, Violoncello (1–4 aufgen. 1994, live; 5–9 aufgen. 1997, live)

℗ 1997 EMI Records Ltd.
This compilation ℗ 2006 by EMI Music Germany GmbH & Co. KG

Alban Berg Quartett – eine Biografie

Das Ganze ist mehr als die Summe seiner Teile. Dieser Satz des Aristoteles gilt überall, aber nirgends so einleuchtend wie beim Streichquartett, einer überschaubaren Formation aus zwei Geigen, einer Bratsche, einem Violoncello. Diese Besetzung gilt in ihrer Balance von Sparsamkeit und Vielfalt als zentrales und anspruchsvollstes Genre der Kammermusik – und zu dessen maßgeblichen Interpreten zählt seit mehr als drei Jahrzehnten das Alban Berg Quartett, von dem eine Kritikerin schrieb, es klinge „wie ein lebendig gewordener Traum“. Als sich die vier Musiker Ende der sechziger Jahre zusammenfanden, gab es in Wien noch kein Ensemble, dessen Mitglieder ausschließlich und sozusagen hauptberuflich Kammermusik spielten. Alle vergleichbaren Formationen rekrutierten sich aus den Mitgliedern großer Orchester.

Das Alban Berg Quartett – von links oben nach rechts unten: Gerhard Schulz (1951, 2. Violine), Günter Pichler (* 1940, 1. Violine), Valentin Erben (* 1945, Violoncello), Thomas Kakuska (1940–2005, Viola)*

Günter Pichler, geboren 1940 in Kufstein, bis heute Primarius des Alban Berg Quartetts, war damals Konzertmeister der Wiener Philharmoniker und hatte bereits etliche Angebote abgelehnt, nebenher in Orchesterquartetten mitzuwirken. Er träumte vom „Full-Time-Quartett“ und davon, auch die Musik des 20. Jahrhunderts für diese Besetzung zu realisieren. Zunächst die der Zweiten Wiener Schule um Arnold Schönberg und Alban Berg, die ausgerechnet in Wien kaum gespielt wurde. Er fand Gleichgesinnte: den Geiger Klaus Mätzl, den Bratscher Hatto Beyerle, den Cellisten Valentin Erben. Diese – zunächst noch provisorische – Vereinigung hatte ihr Schlüsselerlebnis 1969 im Wiener Konzerthaus.

Damals gastierte das amerikanische LaSalle-Quartett mit einem Zyklus, der annähernd die gesamte Quartettliteratur der Zweiten Wiener Schule umfasste. Pichler und seine Kollegen waren fasziniert. Mit einer Partitur unterm Arm besuchte er anschließend die Gaststars im Künstlerzimmer und wurde von dem für seinen beißenden Sarkasmus gefürchteten ersten Geiger der LaSalles, Walter Levin, mit der Frage empfangen: „Ach, Sie können Partitur lesen?“ Das Gespräch danach war ungleich freundschaftlicher und äußerst fruchtbar. Die vier jungen Musiker erhielten das Angebot zum gemeinsamen Studium beim LaSalle-Quartett, wofür es an der Universität Cincinnati ein Stipendium gab. Obwohl sie alle damals bereits Familienväter waren, verbrachten die vier Gründungsmitglieder zwischen 1970 und 1971 volle neun Monate in den USA.

In Cincinnati begann die erfolgreiche „Ehe zu viert“, wie ein Filmporträtist es später nannte, mit intensiver gemeinschaftlicher Arbeit und konzentriertem Lernen, frei von professioneller Konzerttätigkeit und von eigenen Lehrverpflichtungen. Viele Eigenschaften, die das Alban Berg Quartett in den Jahrzehnten danach so unverwechselbar machten, wurden im Kontakt mit den LaSalles geprägt, etwa der analytische Zugang zu den Werken, der sich so charakteristisch mit dem typisch wienerischen, emotionalen Stil des Musizierens verband.
Die amerikanische Studienzeit, in der das Ensemble vier Programme

Obwohl über der Musikstadt Wien der Himmel voller Geigen hängt, formierte sich hier erst 1970 ein professionelles Streichquartett

erarbeitete, wurde die Basis für eine steile internationale Karriere, die sich schon beim Debüt abzeichnete: Das erste Konzert im heimatlichen Wiener Konzerthaus wurde im Herbst des Jahres 1971 von der Kritik als „Wunder namens Alban Berg Quartett" enthusiastisch aufgenommen. Sehr bald galt die Gruppe als führendes Quartett ihrer Generation und hat später auch die Krise der Branche überstanden. Selbst in einer Zeit, da sich mehr vorzügliche Streichquartette Konkurrenz machen denn je, ist sein Rang unangefochten. Heute ist das Ensemble Ehrenmitglied des Wiener Konzerthauses, in der Royal Festival Hall in London wurde es zum Quartet Laureate gekürt; in beiden Häusern gestaltet es regelmäßig eigene Konzertreihen ebenso wie im Théâtre des Champs-Elysées in Paris, im Züricher Opernhaus, in der Kölner Philharmonie und in der Alten Oper in Frankfurt.

Dass die vier Musiker den 1935 verstorbenen Wiener Komponisten Alban Berg zum Namens- und Schutzpatron wählten, ist mehr als nur ein Bekenntnis zur geistig-musikalischen Heimat Wien. Bergs Musik verbindet konstruktive Strenge und persönlichen, klangsinnlichen Ausdruck, Tradition und Progressivität. Diese Mischung prägt auch die künstlerische Arbeit des Quartetts. Alban Berg verstand sich selbst als „natürlicher Fortsetzer richtig verstandener, guter, alter Tradition“ und zählt nicht trotzdem, sondern deswegen zu den großen Erneuerern der Musik des 20. Jahrhunderts. Das Alban Berg Quartett schloss sich diesem Verständnis konsequent und so überzeugend an, dass sich das Ensemble im Jahre 1972 auch die offizielle Erlaubnis der Witwe Alban Bergs erspielte, dessen Namen zu tragen.

„Vielleicht wäre Beethoven auch ganz zufrieden gewesen": Das ABQ wird von Komponisten zeitgenössischer Musik hoch geschätzt

In kaum einem Konzert der vier fehlte fortan ein Werk der Moderne, und zahlreiche Uraufführungen kamen dazu. Der Bogen von der Klassik zur Avantgarde wurde rasch zu ihrem Markenzeichen. Schon bald nach der Gründung gaben die Musiker bei großen Zeitgenossen Kompositionen in Auftrag. Dazu gehören Erich Urbanner (1973 und 1993), Roman Haubenstock-Ramati (1974 und 1978), Gottfried von Einem (1976), Wolfgang Rihm (1983), Alfred Schnittke (1989), Luciano Berio (1994) oder Kurt Schwertsik (2003). Die Faszination von Uraufführungen, erklärt Primarius Günter Pichler, liegt nicht zuletzt in der enormen Herausforderung für die Musiker. Wer be-

American way of live music: Beim LaSalle-Quartett in Cincinnati studierte das junge österreichische Ensemble neun Monate lang

kannte Stücke einstudiert, kann auf Erfahrungen mit dem Repertoire zurückgreifen, kann sich mit anderen Interpretationen auseinander setzen, dabei Anregungen finden oder Ansätze verwerfen. „Bei einer Uraufführung sind wir ganz ohne Vorgänger und Vorbilder auf das eigene Entdecken gestellt, und es bleibt eine spannende Sache, wenn wir am Tag der Uraufführung dem Komponisten sein Werk erstmals vorspielen." Dessen Reaktion ist den Musikern wichtiger als jedes andere Echo. Das *„grateful forever"* Luciano Berios für die Interpretation seines *Notturno* oder Witold Lutoslawskis Lob („an Qualität nicht zu überbieten") bleiben Pichler unvergesslich. „In derartigen Augenblikken ist man fast versucht zu glauben: Nun, vielleicht wäre Beethoven auch ganz zufrieden gewesen." In seinen Programmen hat es sich das Quartett früh zur Aufgabe gemacht, sein Publikum nach und nach zu einer Musik hinzuführen, die es nicht von Anfang an liebte. Das lohnte sich für beide Seiten. Weil nämlich das Ensemble an der Musik des

20. Jahrhunderts geschult ist, bringt es eine besondere Sensibilität, Präzision und Analytik auch für das ältere Repertoire mit. Für Wiener Klassik und Romantik schufen die Musiker einen unverwechselbaren Klang. „Exploratorische Intensität" nannte das der Laudator bei der Verleihung des Preises der deutschen Schallplattenkritik (einer von rund dreißig renommierten Auszeichnungen des Quartetts).

Wie nachhaltig sich das Konzept der sanften Annäherung an die Moderne bis zur Musik der Gegenwart durchgesetzt hat, macht Günter Pichler an einem Beispiel deutlich: „Als wir vor wenigen Jahren in Wien zweimal einen reinen Beethoven-Zyklus spielten, regnete es schon Beschwerden und ärgerliche Anfragen, ob wir nun unsere hohen Ziele verraten hätten. Das Publikum will mittlerweile die Musik des 20. Jahrhunderts hören, und es wäre fatal, wenn man es verpasst hätte, die Menschen geduldig und mit Überzeugungskraft an ein modernes Repertoire heranzuführen."

So sind die über 35 Jahre Geschichte des Alban Berg Quartetts nicht zuletzt die Chronik einer Entdeckungsreise. Auch manche Werke des klassischen Repertoires bedurften einer längeren Reifezeit. In einer Filmdokumentation, die anlässlich der Aufzeichnung von *Der Tod und das Mädchen* entstand, sagt Günter Pichler über Schuberts Komposition, allein sie sei schon ein Grund, Quartett zu spielen. Zugleich gesteht er, dass er und seine Partner vor einer ersten eigenen Interpretation lange gewartet hatten und sich dann nur vorsichtig an das Stück wagten, „weil auch ein so enormer Respekt davorliegt – und Verantwortung. Wenn man das Gefühl hat, man hat nichts Besonderes dazu zu sagen, lässt man es lieber bleiben." Kein einziger Ton klingt nach Routine – und dazu kommt das gemeinsame Atmen. Die Musiker sind ein Herz und eine Seele.

Wie aber kann eine „Ehe zu viert" so lange halten? Teils wohl auch dadurch, dass es zwischendurch personelle Wechsel gab. Dem zweiten Geiger und dem Bratscher der Gründerjahre folgten 1978 der Geiger Gerhard Schulz und 1981 der Bratscher Thomas Kakuska, durch

den sich nach dem Befund der *Grove-Enzyklopädie* sogar der Klang änderte: „Aus einem Mozart-Ensemble wurde ein Haydn-Ensemble." Die Homogenität der neuen Besetzung war auch dadurch gewährleistet, dass die drei hohen und mittleren Streicher vom selben Lehrer kamen. Wichtig sind in späteren Jahren aber vor allem die Freiräume geworden, die man einander auch im musikalischen Wirken zugesteht. Schon immer hat die Lehrtätigkeit einen festen Platz im Leben des Quartetts gehabt. Günter Pichler, Gerhard Schulz und Valentin Erben unterrichten an der Hochschule für Musik und Darstellende Kunst in Wien und an der Musikschule Köln; außerdem geben sie Meisterkurse. 1998 wurde der Entschluss gefasst, die gemeinsame Quartettarbeit etwas zu reduzieren und dadurch frisch zu halten. Daneben betätigt sich jeder nach Neigung: Valentin Erben im Rahmen einer solistischen Karriere, Gerhard Schulz durch die Mitwirkung in anderen Ensembles, Günter Pichler in seiner noch jungen, aber höchst erfolgreichen Dirigentenlaufbahn.

„Über das Geschenk der Begabung und die notwendige konsequente, harte Arbeit hinaus ist auf der zwischenmenschlichen Ebene jedenfalls auch ganz viel Glück dabei", meint Pichler. Es mussten schon die richtigen Persönlichkeiten zusammenkommen. Der Cellist der ersten Stunde, Valentin Erben, sieht das gemeinsame Ziel als den kräftigsten Zusammenhalt: „Dieses Ziel ist in unserem Beruf so interessant, so vielseitig und so dominant, dass es sich lohnt, eine Einigung zu finden." Der 2005 verstorbene Bratschist Thomas Kakuska – dem seine Schülerin Isabel Charisius in das Ensemble folgte – gab in einem Interview dem Quartettspiel eine Bedeutung jenseits der Auftritte: „Es sollten viel mehr Menschen auf der Welt Streichquartett spielen, auch wenn sie nicht gut spielen. Aber sie können für das menschliche und soziale Leben noch sehr viel lernen."

Jessica Jarosch

Komponist und Namenspatron Alban Berg (1885–1935) mit dem Porträt, das sein Lehrer Schönberg von ihm malte

Bereit für die Reise durch Schuberts Kosmos: Das ABQ hat sich an „Der Tod und das Mädchen" erst spät herangewagt. Der ersten Aufnahme folgte 1994 ein Live-Mitschnitt – zu hören auf der ZEIT-CD

Alban Berg Quartett – Komponist und Werke

GEBROCHENE IDYLLE – FRANZ SCHUBERT UND SEINE STREICHQUARTETTE

Am 27. März 1824 trägt der 27-jährige Franz Schubert erschütternd pessimistische Sätze in sein Tagebuch ein: „Keiner, der den Schmerz des Andern, und Keiner, der die Freude des Andern versteht! Man glaubt immer, zu einander zu gehen, und man geht immer nur neben einander. O Qual für den, der dieß erkennt!“ Das schreibt ein junger Musiker, den man gerne, umringt von Freunden, feiern und musizieren sieht und der – das dokumentieren etliche vertrauensvolle Briefe – in enger Verbindung zu anderen jungen Künstlern und kunstsinnigen Menschen steht. Zum Bild des gemütlichen „Schwammerl“ im fröhlichen Kreis der Schubertianer passen diese bitteren Zeilen überhaupt nicht. Und es geht noch weiter: „Meine Erzeugnisse sind durch den Verstand für Musik und durch meinen Schmerz vorhanden; jene, welche der Schmerz allein erzeugt, scheinen am wenigsten die Welt zu erfreuen.“

Schubert beklagt nicht allein Unverständnis gegenüber Gefühlen und Seelenzuständen, sondern auch gegenüber seiner Musik – vor allem dann, wenn es sich um „Bekenntniswerke“ handelt. Erst wenige Wochen zuvor hat er solch persönliche Werke komponiert: das *a-Moll-* und *das d-Moll-Streichquartett* (D 804 und D 810). Schon das erste der beiden, das so genannte „Rosamunden-Quartett“, setzt in der Streichquartettreihe Schuberts neue Maßstäbe – so umfangreich,

Franz Schubert als 28-Jähriger. 1875 malte sein Freund Wilhelm August Rieder (1796–1880) das Bild nach einer Aquarellvorlage

ausgefeilt und harmonisch reich war noch keines seiner Kammermusikstücke. Düsterer, leidenschaftlicher noch wirkt das Schwesterwerk in d-Moll mit dem Beinamen *Der Tod und das Mädchen*. Die Todesthematik, die im Variationensatz durch die Verwendung des gleichnamigen Liedes ganz offensichtlich wird, scheint sich auch über die anderen Sätze gebreitet zu haben.

Was war geschehen? Woher rühren diese Bedrücktheit, dieser Fatalismus und Ernst? Im Jahr zuvor wird zum ersten Mal eine Erkrankung Schuberts aktenkundig. Inzwischen gilt es als wahrscheinlich, dass es sich um eine venerische Krankheit, wahrscheinlich Syphilis, gehandelt hat. Im Oktober erzwingt sie sogar einen Krankenhaus-Aufenthalt und hinterlässt äußerliche Spuren: Schubert leidet unter Ausschlag und verliert die Haare, weshalb er eine Zeit lang eine Perücke trägt. Mehr noch als unter den Krankheitssymptomen und äußeren Veränderungen scheint er unter der zunehmenden gesellschaftlichen Isolierung gelitten zu haben. Ohnehin mag der kleine, dickliche Schubert mit seinem ungepflegten Äußeren und seinem Hang zu ausschweifenden Trinkgelagen für manchen Zeitgenossen auch gesund kaum akzeptabel gewesen sein – wenn er nur nicht so göttliche Lieder geschrieben hätte!

Obgleich grundsätzlich Vorsicht geboten ist bei der Suche nach Analogien zwischen Leben und Werk – es ist unverkennbar, dass Schuberts schwere Krankheit eine tiefe Krise nach sich zieht. Eine Krise, die jedoch durchaus produktive Kräfte freisetzt und zu neuen Erfolgsstrategien motiviert. Einerseits fühlt Schubert sich, wie er eine Woche nach dem Tagebucheintrag in einem Brief an seinen Malerfreund Kupelwieser nach Rom schreibt, „als den unglücklichsten, elendsten Menschen auf der Welt", „dessen Gesundheit nie mehr richtig werden will" und „dessen glänzendste Hoffnungen zu Nichte geworden sind". Andererseits zeigt er sich im gleichen Brief voller Tatendrang. Er möchte, nach seinem aktuellen Scheitern auf dem Gebiet der Oper, mit soeben vollendeten Kammermusikwerken – darunter das *d-Moll-Streichquartett* – „sich den Weg zur großen Sinfonie bahnen".

Als Liedkomponist ist Franz Schubert in den letzten Jahren seines beängstigend kurzen Lebens schon recht bekannt. Doch als Komponist von Instrumentalmusik, von Sinfonien, Klaviersonaten und etlichen unvergleichlichen Kammermusikwerken rückt er erst viel später ins Bewusstsein der Öffentlichkeit. Seine musikalische Heimat ist in erster Linie der private und halböffentliche Kreis mit seinen Veranstaltungen im bürgerlichen Salon, mit Hauskonzerten und literarisch-musikalischen Gesellschaften. Bei den „Schubertiaden", den Zusammenkünften seiner Künstlerfreunde – überwiegend Literaten und Maler, aber auch Musiker und Sänger –, werden Lieder, mehrstimmige Gesänge und andere Gesellschaftsmusiken aufgeführt. Der Weg zum Publikum gestaltet sich für den Komponisten indessen schwierig: Seine Opernträume kann er nicht so recht verwirklichen, die Verhandlungen mit Verlegern sind oft erfolglos, und erst posthum wird eine seiner Sinfonien (die sechste) in einem Gesellschaftskonzert der Musikfreunde in Wien präsentiert. Die berühmte *Unvollendete* erklang erst 1865 – 37 Jahre nach Schuberts Tod.

Dabei verfolgt Schubert sein Ziel, nicht nur mit Liedern und Vokalquartetten, sondern auch als Instrumentalkomponist in Wien wahrgenommen zu werden, besonnen und mit erstaunlicher Hartnäckigkeit. Wenn er sich mit Kammermusikwerken „den Weg zur großen Sinfonie bahnen" will, dann betrifft das weniger den kompositorischen Aspekt. Er denkt hierbei eher an die Aufführungsumstände – er will vor das Publikum großer Orchesterkonzerte treten, vor das Wiener Publikum, das ja auch in Beethoven-Konzerte strömt. Die „Instrumental-Sachen", die ihm dabei helfen sollen, sind die neuen Streichquartette und das Oktett: Werke, die sich nicht mehr an den bürgerlichen Amateurmusiker richten, sondern für den Vortrag von Berufsmusikern bestimmt sind. Schubert kann darauf hoffen, dass der Geiger Ignaz Schuppanzigh, der am Aufbau des öffentlichen Musiklebens Wiens maßgeblich beteiligt ist, sie in seine Quartettkonzertreihe aufnehmen wird. Beim poetischen *a-Moll-Streichquartett* ist der Plan auch aufgegangen: Das Schuppanzigh-Quartett bringt es am 14. März 1824 zur Aufführung, wenig später erscheint es im Druck.

HIE · MVST · DV · YN · 1517

Das *d-Moll-Streichquartett „Der Tod und das Mädchen"* wird hingegen erst später von Schuppanzigh gespielt, und selbst da nur in privatem Rahmen. Gehört es zu jenen Werken, die „der Schmerz allein erzeugt" und die am wenigsten die Welt erfreuen? Alle vier Sätze stehen in Moll, und kleine Dur-Inseln in einer Variation und im Trio des Scherzos können die dunkle Grundstimmung nicht aufhellen. Zwischen dem dramatisch aufgeladenen Eröffnungssatz, dem Scherzo mit seinen schroffen Akzenten und dem rastlosen Finale wirkt der langsame Variationensatz wie ein Trostspender. Das Thema zitiert denn auch den Teil des Liedes, in dem der Tod als Freund auftritt. Die Melodie ist streng periodisch gegliedert und schreitet gemessen im Pavanen-Rhythmus voran – die Pavane, der ernsteste aller Renaissancetänze, ist das musikalische Pendant zu den Totentanz-Darstellungen des Mittelalters. Schubert hat das Gedicht *Der Tod und das Mädchen* des Barockdichters Matthias Claudius bereits im Jahr 1817 vertont; das schmerzlich-schöne Lied ist zu Recht eines seiner berühmtesten.

Das Mädchen:
Vorüber! Ach vorüber!
Geh, wilder Knochenmann!
Ich bin noch jung, geh, Lieber!
Und rühre mich nicht an.

Der Tod:
Gib deine Hand, du schön und zart Gebild!
Bin Freund und komme nicht zu strafen.
Sei gutes Muts! Ich bin nicht wild,
sollst sanft in meinen Armen schlafen!

„Hie must du yn", schrieb Hans Baldung 1517
über sein Bild, auf dem der Tod ein Mädchen zum Grab führt

Im Finale des Streichquartetts scheint der Totentanz-Gedanke noch einmal in die musikalischen Strukturen einzufließen: Der Satz drängt merkwürdig fahl im obsessiven Tarantella-Rhythmus vorwärts. Und wenn die stürmische Bewegung einmal ins Stocken gerät, dann tauchen unverkennbar Motive aus einem anderen Schubert-Lied mit verwandter Todesthematik auf, aus der *Erlkönig*-Ballade – nur ist hier der Tod nicht der sanfte Freund, sondern ein gewalttätiger Entführer.

Das Streichquartett *Der Tod und das Mädchen* hat den Schubert-Kreis wohl ähnlich ratlos zurückgelassen wie die „schauerlichen Lieder" des Zyklus *Die Winterreise.* Der Komponist und Schubert-Freund Franz Lachner will sich erinnern, dass nach der zweiten Aufführung im privaten Kreis der erste Geiger Schuppanzigh Schubert empfohlen hatte: „Brüderl, das ist nichts, das lass gut sein; bleib du bei deinen Liedern!" Dieser Ausspruch mag authentisch sein oder nicht (Schuppanzigh hat sich schließlich stets sehr für Schuberts Werk eingesetzt), doch ist er bezeichnend für die Stimmung, die dem Komponisten bei solch schmerzlich-herber Musik entgegenschlug.

Anders als die drei letzten Streichquartette, die Schubert für den Konzertsaal komponierte, sind deren zwölf Vorgängerwerke für das Musizieren im häuslichen Rahmen entstanden. Bescheidener in Umfang, Struktur und Schwierigkeitsgrad, können sie von Amateurmusikern bewältigt werden. Ein solches Liebhaberquartett musizierte einst im Hause Schubert: Schullehrer Franz Schubert senior und seine drei Söhne Ferdinand, Ignaz und Franz. Vater Schubert spielte Cello, Franz die Bratsche, die beiden älteren Brüder Violine. Franz sorgte dafür, dass die Literatur nicht ausging, und nebenbei sammelte er entscheidende Erfahrungen auf dem Gebiet der anspruchsvollsten Kammermusikgattung, des Streichquartetts. Das *Es-Dur-Quartett* (D 87) wurde, bis man das mit einer Datierung (November 1813) versehene Autograf fand, für ein Werk aus einer späteren Schaffensphase gehalten. In der Tat wirkt es in gespannter Melodik und gekonnter Ausarbeitung nicht wie die Komposition eines noch nicht Siebzehnjährigen. Aber Schubert hat zu dieser Zeit bereits mehr als ein halbes Dutzend Quartette, seine erste Sinfonie und zahlreiche Lieder geschrieben, das meisterhafte *Gretchen am Spinnrad* wird wenige Monate später folgen.

Als Bindeglied zwischen die frühe häusliche Quartettmusik und die letzten drei Konzertquartette schiebt sich am Jahresende 1820 der *c-Moll-Satz* (D 703). Über die Umstände seiner Entstehung und Bestimmung rätselt die Schubert-Forschung bis heute. Das geplante Streichquartett bleibt jedenfalls ein Torso, denn im langsamen Satz bricht der junge Komponist die Arbeit ab. Das ist für ihn nichts Ungewöhnliches, vor allem nicht in jenen Jahren des Suchens und des Experimentierens. Vieles in dem singulären c-Moll-Anfangssatz wirkt experimentell und ungewöhnlich – die harmonische Unbestimmtheit (die Grundtonart c-Moll bildet nur einen losen Rahmen) und die formale Vieldeutigkeit. In diesem Streichquartettsatz, der sich als verheißungsvolles Fragment seinen Platz im Repertoire erobert hat, ist Schubert erkennbar zu neuen Dimensionen vorgestoßen. Drei Jahre später wird er den Faden wieder aufgreifen und seine letzten Meisterquartette in Angriff nehmen. Im Alter von 31 Jahren ereilt ihn, den rastlos schaffenden Komponisten, das Schicksal des Mädchens. Hier wie dort zeigte sich der Knochenmann unerbittlich.

Nike Keisinger

Reportagen, Porträts, Essays und Kritiken

Alban Berg Quartett und Schubert – das Beste aus der ZEIT

DIE ZEIT

DIE ZEIT 10. Februar 2000, Nr. 7

Freier Flug der Gedanken

Das Alban Berg Quartett auf Tournee mit Klassik und Moderne | Von Claus Spahn

Man muss nur auf den Klang achten. Schlank ist er und ausgewogen und voller satt leuchtender Farben. So klingen viele gute Streichquartette. Aber im Ton dieser vier Musiker schwingt immer noch etwas anderes mit: eine aufreizende Unruhe, eine manchmal nur unterschwellige und dann wieder vulkanisch hervorbrechende raue Expressivität, ein permanentes Schmirgeln an der Oberfläche der Musik. Das gehört zu den Markenzeichen des Alban Berg Quartetts. Schon immer hat es angespielt gegen einen nur sich selbst genügenden Wohlklang und den flotten Schwung der Verharmlosung.

An der Auseinandersetzung mit der Musik der Moderne haben die Musiker ihr Klangbewusstsein geschärft und ihr wunderbar ausdifferenziertes Spiel mit den instrumentalen Farben zum ganz wesentlichen, strukturbildenden Element ihrer Interpretationen gemacht. Und noch etwas kann man beim Alban Berg Quartett kaum überhören – dass es aus Wien kommt. Eine lässige Eleganz spricht aus seinem Ton. Wenn der erste Geiger Günter Pichler den Kopf schief legt und sich für eine kleine Kantilene ein süßes Vibrato und ein paar elegante Phrasierungsschlenker gestattet, spürt man, dass er bei aller Intellektualität auch eine Schwäche für österreichisches Sentiment besitzt. Man muss nur auf den Klang achten.

Jenseits des bloßen Wohlklangs: Wenn das Alban Berg Quartett abhebt, kommt auch die Seele mit

Auf Quartettreise mit dabei: Musik von Berio (1925–2003, oben links), Mozart (1756–1791), Beethoven (1770–1827) und Kurtág (1926)*

Seit über 25 Jahren gehört das Alban Berg Quartett schon zur Weltspitze der Streichquartette. Von seinem Elan und seiner Leidenschaft hat es bis heute nichts eingebüßt. Regelmäßig gehen die vier Herren auf große Konzertreise und spielen in gemessenen Abständen eine neue CD ein. Fast immer sind ihre Auftritte und Aufnahmen musikalische Ereignisse von Rang. In einem Musikbetrieb jedoch, der immer lauter und immer eventsüchtiger wird, ist die Kammermusik in den letzten Jahren ein wenig ins Abseits geraten, verdrängt von Orchesterkonzerten, übertrumpft von glamourösen Klassik-Galas. Und so wird ein Abend mit den Alban-Berg-Musikern mehr und mehr zum Fest für Kenner.

Gerade sind sie wieder unterwegs mit einem Programm, das sich wie eine ultimative Liste essenziell verdichteter Musik liest: Ausschnitte aus Bachs *Kunst der Fuge,* die *12 Mikroludien* von György Kurtág, Luciano Berios *Glosse für Streichquartett* und Beethovens *B-Dur-Streichquartett op. 130* mit der nachkomponierten *Großen Fuge op. 133* als Abschluss.

Einmal mehr kann man anhand dieser Stücke erleben, wie souverän das Alban Berg Quartett musiziert. Über technische Perfektion, die Qualität des Zusammenspiels oder die Transparenz des Klangs braucht man bei diesem Ensemble gar nicht mehr zu diskutieren. Das alles haben Günter Pichler (erste Geige), Gerhard Schulz (zweite Geige), Thomas Kakuska (Bratsche) und Valentin Erben (Cello) als somnambul verfügbare Fähigkeiten weit hinter sich gelassen. Sie konzentrieren sich ganz auf den freien Flug der musikalischen Gedanken, und der führt weit.

Tief beeindruckend, wie sie die polyphone Struktur in Beethovens vertrackter *Großer Fuge* mit selbstverständlicher Klarheit erstehen lassen, die Entwicklungslinien in der Großform nachvollziehbar machen und sich zugleich mit brennender Vehemenz auf die Schroffheiten, jähen Abbrüche und Zerklüftungen des Stücks einlassen; wie sie dem Presto in op. 130 einen nervös irrlichternden Charakter verleihen, dabei eine eigenwillige Traurigkeit im Übermut suchend, oder der Cavatina mit einem so nie gehörten, schmerzlich entrückten lyrischen Ton begegnen.

Da kann man immerzu spüren, dass sie das Streichquartettspiel nicht als intellektuelle Übung, als Philosophie mit anderen Mitteln verstehen, sondern dass ihre Interpretationen stets auf seelenvoll bewegten Ausdruck zielen. Auch in Kurtágs aphoristisch kurzen, in ihrer Expressivität gleichsam implodierenden *Mikroludien* wird das deutlich: In den Farbvaleurs magisch funkelnd und noch im dreifachen Pianissimo spannungsvoll ausgesungen, lassen sie die Stücke aufleuchten.

Auf der gerade veröffentlichten neuen CD wiederum spielt das Alban Berg Quartett mit Alfred Brendel zusammen in der Kammermusikbearbeitung von Mozarts *Klavierkonzert KV 385p* und dem *G-Dur-Klavierquartett KV 493*, das Mozart im Anschluss an *Le Nozze di Figaro* komponiert hat und das einen animiert geistvollen Dialog der Themen offenbart. Am schönsten ist das Larghetto – ein nach innen gekehrtes Stück, das durchsetzt ist von leisem Selbstzweifel und immer wieder fragend innehält. Von ferne scheint es an die intime Atmosphäre der Barbarina-Arie aus dem vierten *Figaro*-Akt anzuknüpfen. Brendel und dem Alban Berg Quartett gelingt dieser Satz am intensivsten.

Hier die vier Leidenschaftsmusiker und dort der distinguierte, eher zurückhaltende Pianist – wo Brendel nur zart andeutet, sich an perlende Artikulation und dezenten Witz hält, kosten die Alban-Berg-Musiker Mozarts Musik voll aus. Wunderbare Kammermusik auch hier.

DIE ZEIT 15. August 1997, Nr. 34

Künstler ohne festen Wohnsitz

Wien feiert den 200. Geburtstag Franz Schuberts.
Ein Spaziergang auf den Spuren des Musikers
Von Ulrike Meyer-Timpe

Die Sonne schmeichelt den grauen Fassaden. An dem Brunnen auf dem Sobieskiplatz spielen Kinder, ringsum sitzen Frauen auf den Bänken und stricken. Alltag im 9. Stadtbezirk. Zwar liegt die Ringstraße mit ihren Prunkbauten, die den Stadtteil vom 1. Bezirk trennt, nur einen Fußmarsch entfernt. Doch dort in der Inneren Stadt, wo einst die Habsburger in der Hofburg residierten und der Adel seine Paläste baute, hatte das Leben immer schon viel mehr Glanz. Erst recht vor 200 Jahren, als anstelle der Ringstraße noch die Stadtmauer das Zentrum umschloss und hier, im heutigen Bezirk Alsergrund, Franz Schubert geboren wurde.

Zeitlebens gelang es dem Komponisten nicht, mit seiner Musik die noble Innenstadt zu erobern. Inzwischen ist ganz Wien stolz auf seinen begabten Sohn. „Mozart und Beethoven, Haydn und Brahms waren Zugereiste. Sie kamen nach Wien, weil die Habsburger und ihr Adel die Musik sehr förderten“, weiß Hebe Jeffrey, die Führungen auf den Spuren der Komponisten anbietet, „aber Schubert war ein echter Wiener.“ In diesem Jahr feiert die Stadt seinen 200. Geburtstag mit zahlreichen Konzerten und Ausstellungen.

Gesichtslose Neubauten wechseln mit den abgeblätterten Fassaden der Jahrhundertwende; eine Reinigung und ein Tabakgeschäft, ein

Secondhandshop und eine Bäckerei belegen die Läden entlang der Nußdorfer Straße. Dazwischen zwängt sich ein zweistöckiges Haus aus dem 18. Jahrhundert. Vier rot-weiße Fahnen über dem Eingangstor zeigen die Sehenswürdigkeit an: Hier wurde Schubert 1797 geboren. „Diese Gegend war damals Vorstadt, außerhalb der Befestigungsmauern gelegen", erzählt Stadtführerin Helga Chmel, „hier herrschte eine sehr ländliche Atmosphäre. Es gab noch keine Straßennamen, stattdessen hatten die Häuser Namen." Das Schubert-Haus hieß „Zum roten Krebsen".

Das Holztor gibt den Weg frei in den Hof, den zwei lang gestreckte Gebäudeflügel einfassen; die U-förmige Bauweise ist typisch für das Wien des 18. Jahrhunderts. Am offenen Ende führen ein paar Stufen hinab in ein tiefer gelegenes Gärtchen mit Rasen und ein paar Bäumen. Die hölzerne Pumpe im Hof wird auch die Familie Schubert mit Wasser versorgt haben. Siebzehn Wohnungen befanden sich damals in dem Haus, keine größer als 35 Quadratmeter. „Stellt euch den Lärm vor, den Gestank von derart vielen Menschen auf so engem Raum", sagt Hebe Jeffrey, die Musiklehrerin aus London, die seit fünfzehn Jahren in Wien lebt.

Unten im Erdgeschoss unterrichtete Franz' Vater als Lehrer bis zu hundert Kinder, von deren Schulgeld die Familie lebte. Oben, im ersten Stock, bewohnten die Schuberts zu siebt eine Wohnung, die aus einem Zimmer und einer Küche bestand; die offene Feuerstelle mit dem rußigen Rauchabzug ist erhalten. Bestimmt hätte sich Schubert nicht träumen lassen, dass ihm in seinem Geburtshaus schon 1912 ein Museum gewidmet würde. Ihm, der sein ganzes, 32 Jahre kurzes Leben auf die Unterstützung von Freunden angewiesen blieb und der sich nie eine eigene Bleibe leisten konnte.

Hier lebten die Schuberts zu siebt auf 35 Quadratmetern: Das Geburtshaus des Komponisten in Wien, 1900 fotografiert

Jetzt wird seiner posthum nicht nur in den elterlichen Räumen, sondern auch noch in den beiden benachbarten Wohnungen gedacht. Bilder der Familie, der Freunde und natürlich des Komponisten selbst schmücken die Wände. Unter Glas ruhen die Handschriften seiner Kompositionen, die ihm nur so aus der Feder flossen und keiner Korrektur mehr bedurften. Rund 900 Werke, darunter 160 Vertonungen von Goethe-Gedichten, hat Schubert in seinem kurzen Leben geschaffen. In einer Vitrine thront seine Nickelbrille, 3,5 Dioptrien stark, ein Glas ist gebrochen. „Die Brille ist so etwas wie eine Reliquie", meint Helga Chmel, „sie war ein Teil von ihm. Er hat sie nicht einmal nachts zum Schlafen abgenommen."

Im Nachbarraum steht ein schmaler, lang gestreckter Flügel, der Schuberts Bruder Ignaz gehörte. Auch Franz' Hände sind über die Tasten geglitten. Da der Komponist keine eigene Wohnung hatte, besaß er auch kein Klavier. Er musste sich mit der Gitarre begnügen, die jetzt an der Wand hängt. Ein Bild zeigt ihn, wie er bei einer Landpartie mit Freunden darauf spielt. Was Schubert bei dieser Gelegenheit vortrug, können die Besucher über Kopfhörer hören. Diese musikalische Besonderheit erwartet die Gäste auch in anderen Wiener Musikgedenkstätten: in Mozarts Figaro-Haus gleich hinter dem Stephansdom oder Beethovens Wohnungen an der Mölker-Bastei und in Heiligenstadt.

Bei Schuberts Geburtshaus gleich um die Ecke, in der Säulengasse, duckt sich ein hellgraues Haus mit grünem Holztor und Schindeldach. Verbandskästen und Warndreiecke sind in den Fenstern ausgestellt, über dem Eingang steht „Schubert-Garage". Wo heute Autos repariert werden, verbrachte Schubert den Großteil seiner Jugend. Vier Jahre alt war er, als sein Vater, nach hartem Sparen, 1801 das Haus „Zum schwarzen Rössel" kaufte. Hier lebten die Schuberts, als Franz mit elf Jahren Sängerknabe der k. u. k. Hofkapelle wurde. Im Konvikt, dem Internat des Chors, wurde er zum Musterschüler des Musikgurus Salieri und lernte die Freunde kennen, die ihn später unterstützen sollten. In die Säulengasse kehrte Franz mit siebzehn zurück, um Schulgehilfe bei seinem Vater zu werden. Hier komponierte er unter anderem den *Erlkönig*. Die Himmelpfortstiege, eine Treppe mit Bäumen und Bänken, führt von der Nußdorfer hinab zur Liechtensteinstraße. Unten, nach ein paar Schritten zwischen grauen Sozialbauten, trifft man auf die leuchtend hellgelbe Lichtentaler Kirche mit ihren roten Kuppeln. Die Fassade schmückt ein Relief mit Schuberts Porträt. Hier heirateten seine Eltern, hier wurde der Sohn am Tag nach seiner Geburt über dem Becken aus dem 18. Jahrhundert getauft. Auf der Empore spielte Franz acht Jahre lang die Orgel, über der sich goldene Engelskulpturen rekeln. Vor allem aber dirigierte der Siebzehnjährige in der Barockkirche mit den üppigen Deckenfresken erstmals eine Messe, sein Werk in F-Dur. Den Solopart sang seine erste große Liebe, Therese Grob, die ein paar Häuser weiter in der Lichtentaler Gasse 22 wohnte.

In der Singerstraße im 1. Bezirk, gleich hinter dem Stephansdom, erheben sich barocke Adelspaläste. Boutiquen und Antiquariate, auch eine Filiale des Londoner Auktionshauses Sotheby's haben hier eine gute Adresse gefunden. Gegenüber dem Palais Rottal werden hellgrüne Klappstühle auf die Straße gerückt und mit Koniferen in Töpfen und Efeuspalieren zum Schanigarten arrangiert. Im Gasthaus „Zu den drei Hacken“ wird traditionelle Küche serviert, von der Frittatensuppe bis zu Maronipalatschinken. Ein Schild in alter Schnörkelschrift verweist auf „Illustre Gäste vor mehr als 100 Jahren“: Schubert hat hier mit seinen Gefährten so manches Glas getrunken.

Zu der Zeit wohnte Schubert bereits im 1. Bezirk: mal Tuchlauben 20, mal Tuchlauben 14, mal in der Spiegelgasse 9, wo unter anderem die *Unvollendete* entstand. Stets war er dort Gast von Freunden. Die organisierten ihm auch Konzerte, im Theater an der Wien oder 1828 gar im Musikvereinssaal. Doch das Publikum wollte von dem jungen Komponisten nichts wissen. „Wien war damals im Paganini-Rausch, da hatte Schubert keine Chance“, weiß Helga Chmel. Die lustige Zeit der Schubertiaden, der Landpartien im Zeichen der Musik, die ihn und seine Freunde auch häufig nach Grinzing führten, währte

Franz Schubert (dritter Sitzender von rechts) lauscht einem Streichquartett – gezeichnet von Friedrich Gauermann (1807–1862)

kurz. 1828 kehrte der schwerkranke Schubert zurück in den Schoß der Familie. Im 4. Bezirk, in Neu-Wieden, fand er ein Obdach bei seinem Bruder Ferdinand. In dieser Wohnung, nur ein paar Schritte vom bunten Treiben auf dem Naschmarkt entfernt, starb er im November desselben Jahres. Ein paar der niedrigen Vorstadthäuser, die damals die Gegend prägten, sind in der Kettenbrückengasse erhalten. Am Haus Nummer 6 erinnert eine Tafel an den „Tondichter Franz Schubert“, der im zweiten Stock starb. Ein Torbogen führt auf einen achteckigen Innenhof mit Blumen und Fliederbüschen. Das hübsche Ambiente konnte der Komponist kaum genießen. „Ferdinand und Franz waren so genannte Trockenwohner“, erzählt Fremdenführerin Helga Chmel, „sie bewohnten für eine geringe Miete den noch feuchten Neubau – für den Kranken eine Katastrophe.“

Eine ausgetretene Steintreppe führt hinauf in die Sterbewohnung. Neben Ferdinands Flügel sind die Notenblätter von Franz' *Messe in Es-Dur* ausgestellt, auch die der letzten sechs Lieder, die er in klarer, feiner Schrift niederschrieb, sowie sein letzter Brief an den Freund Franz von Schober mit der Bitte um Lektüre, da er Coppers *Letzten Mohikaner* gerade beendet hatte. Ein goldgefasstes Medaillon aus Glas enthält gar eine Locke des Komponisten.

Penible Aufzeichnungen von Ferdinand belegen, was er für den kranken Bruder ausgab: für Wein, Arznei und Aderlass, Krankenwärter, Barbier und Totengräber, insgesamt 325 Gulden. Und schließlich die Aufstellung von Schuberts Nachlass im Wert von 63 Gulden: 1 Hut, 4 Hemden, 1 Matratze.

Weil Ferdinand und Franz' Freund Johann Rieder als Chorregenten Einfluss in Kirchenkreisen hatten, konnten sie dem Toten den letzten Wunsch erfüllen: Beerdigt wurde er auf dem noblen Währinger Friedhof, am Rand des malerisch gelegenen Winzerdorfs, gleich neben seinem großen Vorbild Beethoven, bei dessen Beerdigung im Jahr zuvor er Fackelträger sein durfte.

Von Dorfidyll ist an der Währinger Straße nichts mehr zu spüren. Der alte Ortsfriedhof wurde längst aufgelassen und heißt jetzt Schubertpark. Ein paar türkische Kinder hocken dort in der Sandkiste, die Älteren spielen Fußball. Ein Teil des Parks ist abgetrennt und erinnert als Totenhain, verwunschen unter hohen Bäumen, an die alte Ruhestätte. Außerhalb der eingezäunten Friedhofsreste blieben, eingefasst von gusseisernem Gitter, nur die beiden prominentesten Grabmale erhalten. Am Rand des Parks, hinter dessen Backsteinmauer sich Wohnblocks aus den zwanziger Jahren drängen, erinnert ein Obelisk aus Marmor an Beethovens Ruhestätte. Daneben Schuberts Büste auf einem Grabstein, in den Franz Grillparzers Abschiedsworte graviert sind: „Die Tonkunst begrub hier einen reichen Besitz, aber noch schönere Hoffnungen."

Was sie an Schubert hatten, wurde den meisten Wienern erst nach dessen Tod bewusst. Doch als man 1873 den Währinger Friedhof schloss, weil ringsum städtische Wohngebiete entstanden, zählte

Schubert bereits zur Prominenz. Im September 1888 wurde sein Leichnam zum Zentralfriedhof überführt, wohin kurz zuvor auch Beethoven umgezogen war. Dort fand Franz endgültig Aufnahme in den Kreis der Wiener Komponistengrößen.

Am Schwarzenbergplatz, an dem Teil der Ringstraße, der heute nach Schubert benannt ist, startet die Straßenbahn zum Zentralfriedhof. Rund drei Millionen Menschen, so schätzt man, ruhen dort auf dem knapp zweieinhalb Quadratkilometer großen Gelände. In der Nähe der wuchtigen Kirche wurde für Mozart ein Denkmal errichtet. Darum gruppieren sich die Gräber von Johann Strauß Vater und Sohn, von Brahms, Gluck und Hugo Wolf. Einträchtig Seite an Seite liegen Beethoven, mit einer Kopie des Währinger Grabsteins, und Franz Schubert. Dessen Gedenkstein hat der Wiener Männergesangsverein gestiftet: ein Relief des Komponisten, dem eine Muse den Lorbeerkranz aufsetzt.

Ringsum blühen Rosen, eine russische Reisegruppe legt ein paar Nelken auf das Grab, ein japanisches Paar posiert für ein Foto zum Schubert-Gedenken. Der Lehrerssohn aus der Wiener Vorstadt hat es doch noch zu Weltruhm gebracht. Beethoven, der seinen jungen Verehrer nie persönlich kennen lernte, sah das voraus. „Wahrlich", soll er kurz vor seinem Tod gesagt haben, „in Schubert wohnt ein göttlicher Funke."

DIE ZEIT 8. Oktober 1998, Nr. 42

Zart besaitet

Ein Streichquartettkurs in der Toskana | Von Erich Kasberger

Streichquartette sind doch etwas Besonderes: Einem weltberühmten etwa wird nachgesagt, die Musiker seien so zerstritten, dass sie grundsätzlich nicht gemeinsam zum Konzert anreisten. „Höflichkeit unter Quartettmitgliedern ist nicht üblich", heißt es in Ernst Heimerans Büchlein *Das stillvergnügte Streichquartett.* Was also nun erwartet einen, der loszieht, sich mit anderen zur Ausübung dieser Kunst zu treffen? Sechzehn Hobbymusiker wollen in La Collina, einem herrlich gelegenen Schlösschen in der Toskana, nahe San Gimignano, Musizieren und Urlaub miteinander verbinden. Ich habe meine Bratsche mitgenommen und bin unbekümmert, denn Bratscher sind rar.

Erster Tag. Karin Wolf, die stets strahlend lächelnde Lehrerin für diese Woche, hat aus sechzehn Musizierenden ohne viel Federlesens vier Quartette gezaubert. Wir stimmen die Instrumente. Höflich, einer nach dem anderen, und wir lächeln uns zu. Niemand von uns weiß, wie gut oder schlecht jeder spielt, schließlich kennt man sich gerade eben vom Händeschütteln und von einigen freundlichen Begrüßungsworten. Es war schon heikel genug, sich auf dem kurzen Fragebogen der Veranstalter vor der Reise selbst einzuschätzen: die eigenen heimlichen Anwandlungen zwischen Paganini und Stehgeiger.

Ich habe meinen ganzen Notenbestand mitgebracht. „Ein frühes Mozart-Quartett. Zum Einspielen", schlage ich vor. Erleichterte Zustimmung. Das gibt es nur in neuen Quartettgruppierungen, denn eingeübte sind komplizierte Vereinigungen, durchaus vergleichbar einer Ehe zu viert. Da hat es wenig Sinn, Noten aufzulegen, denn es wird doch etwas anderes gespielt.

Die Instrumente sind unter dem Kinn. Warum nur in aller Welt habe ich jetzt feuchte Hände? Schon seit meiner Schulzeit fingerte ich auf diesem Griffbrett herum, fiedle seit Jahren mit Freunden in einem Streichquartett und bin trotzdem aufgeregt. Ziemlich lächerlich. Anika*, die erste Geigerin, Sonderschullehrerin, kaut auf ihrer Unterlippe. Ihre Ohren sind ebenso gerötet wie die von Claudia, der Cellistin, die wie zum Abflug gespannt dasitzt. Der zweite Geiger, ein pensionierter Volksschullehrer, starrt in seine Noten und schweigt. Die Bogen liegen auf den Saiten, als warteten sie nur auf einen geheimen Startschuss.

Wenn man sich kennt, genügt eine kleine präzise Bewegung der ersten Violine mit dem Instrument, um den Mitspielern den Einsatz, ja sogar das Tempo anzugeben. Anika geht auf Nummer Sicher. „Drei, vier", zählt sie laut vor, und schon geht der rechte Fuß des zweiten Geigers aufgeregt im Takt mit. Dann stehen die ersten Akkorde. Es klingt nach Mozart.

Zweiter Tag. Herrliches Wetter. Ein Streichquartett hat Pulte und Noten auf der schattigen Terrasse aufgebaut. Im Hintergrund die sanften Hügel der umgebenden Weinberge mit dunklen Pinienzügen und den milchigen Silhouetten entfernter Kastelle. Wie auf einem Kupferstich Piranesis oder den Etiketten toskanischer Rotweinflaschen. Haydns op. 65, Nr. 5, das *Lerchenquartett*, macht das Idyll komplett. Aus dem nahen Teich quakt ein Frosch.

Einsatz der ersten Geige in Takt acht mit großem Thema. Wieder quakt es. Dieses Mal im Quartett. Ein leises verzweifeltes Seufzen folgt. „Trau dich, Anika! Die Stelle ist heikel", unterbricht Karin, die mit den kritischen Ohren einer Lehrerin zuhört. „Cello und Bratsche haben mit ihren Achteln deinen Einsatz vorbereitet, jetzt musst du die Führung übernehmen." Anika schluckt und nickt. Bereits beim

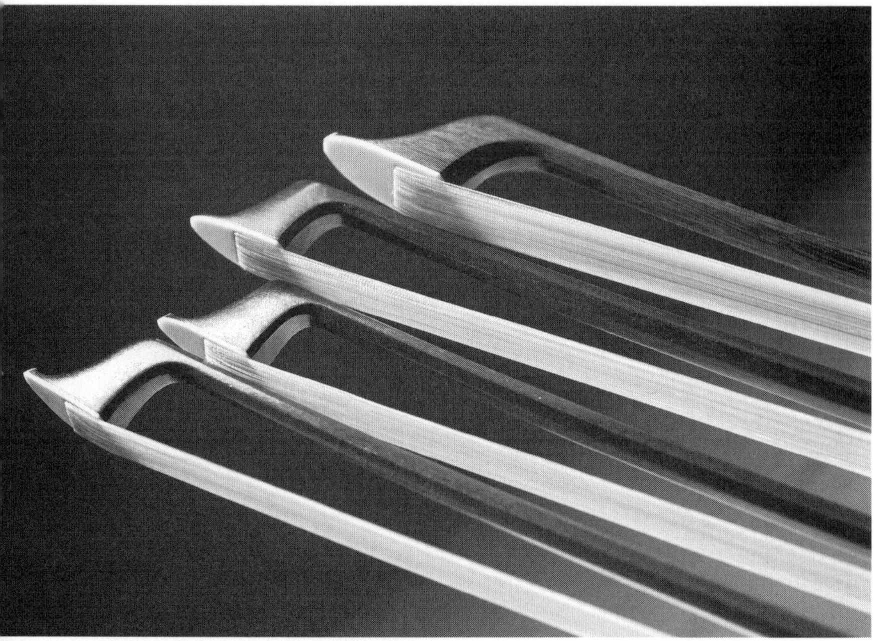

Pferdehaare bringen die Saiten eines Streichquartetts zum Schwingen: Zwei Geigenbögen, ein Bratschen- und ein Cellobogen (von links)

nächsten Einsatz macht sie den Vögeln in den Pinien Konkurrenz, nur nicht ganz so rein.

Karin, Bratschenlehrerin an der Hochschule und Mitglied des etablierten Verdi-Quartetts, weiß, wie man mit Musikern – zumeist zart besaitet wie ihr Instrument – umgeht. Musikalische Prozesse stehen im Zentrum der Arbeit. Immer wieder werden die Stimmen paarweise geprobt, um kompositorische Strukturen leichter hören zu können. All das ist mühsam, erfordert Geduld und die Fähigkeit, den anderen zuzuhören. Immer wieder schaut man selbst in den ernüchternden Abgrund zwischen Wollen und Können.

Natürlich sind nicht alle mit den gleichen Voraussetzungen hierher gekommen. Paula aus Niedersachsen und Johannes aus Düsseldorf haben erst einige magere Jährchen Geigenunterricht hinter sich und noch nie in einem Streichquartett gespielt. Geduldig übt Bernhard mit ihnen das Zählen, wenn es gilt, gegen die Synkopen des anderen zu bestehen. Er ist ein silbermähniger, in vielen Quartettscharmützeln gestählter erster Geiger, ein seltenes und deshalb im Zusammenspiel umso begehrteres Exemplar seiner Spezies. Während er gerne in Tönen schwelgt, gleicht jeder Ausflug seiner Mitspieler in höhere Tonlagen einer Bergtour, auf der jeder seine eigenen musikalischen Wege geht.

Erst beim Abendessen, so scheint es, sind alle wieder zusammen. Dort sitzt man dann glücklich, aber ermattet in der lauen Sommernacht bei hausgemachter Lasagne, fruchtigem Hauswein und verführerischem Zabaione. Von der Nachspeise bekomme ich allerdings selten etwas mit, denn abends ist die Zeit der unruhigen Musikgeister, der erfahreneren Spieler, die jedes Stündlein nutzen, kulinarisch edle Quartettliteratur wie Spätlesen zu schlürfen. Dann sieht man vier hellwache Augenpaare, hurtige Hände und von Zeit zu Zeit den Zeigefinger der rechten Hand, der blitzschnell das nächste Notenblatt aufschlägt. Am Ende des nächtlichen Husarenritts verlasse ich fingerkuppengeschädigt und kreuzlahm den Ort der Tat.

Dritter Tag. „Warum machen die Leute das?", fragt ein Kursteilnehmer. „Warum treten sie eine so weite Reise an, proben und spielen viele Stunden am Tag, ohne genau zu wissen, auf wen und was sie sich einlassen?" Schon bald ist deutlich geworden, dass sich hier nicht nur so unterschiedliche Berufe wie Techniker, Lehrer oder Arzt begegnen, sondern sechzehn sehr verschiedene, durchaus eigenwillige Charaktere. Und man spürt in jedem Moment, wie eng Persönlichkeit und musikalische Stimmführung aufeinander bezogen sind.

Zudem kommt jeder mit hohen Erwartungen, aber auch Ansprüchen hierher. „Die haben Geld bezahlt", meint eine Quartettkollegin, „und jetzt meinen sie, dass ihnen automatisch die richtigen Personen zur Seite gestellt werden müssen. Das hier klappt nur mit Flexibilität und Kompromissbereitschaft." Beides ist mit und ohne Instrumente nur möglich, wenn man zusammenspielt.

Letzter Tag. Am späteren Nachmittag im Garten des Schlösschens das vereinbarte kleine Vorspiel. Jedes Quartett hat ein Stück vorbereitet. Die Kollegen bilden das Konzertpublikum, auch der Koch hört zu. Nur der Schäferhund beobachtet sichtlich gelangweilt die Szenerie unter dem säulenbestandenen Eingangsbereich, der als Bühne dient. Nun haben alle rote Ohren, selbst Karin. Wie eine Ente hält sie alle Küken zusammen, die zum ersten Mal ins kalte Wasser müssen.

Noch wird im Publikum geplaudert. „Weißt du", sagt eine feinsinnige silberhaarige Bratschenkollegin zu mir, „weißt du, in meinem Streichquartett zu Hause ist erst der erste Geiger, dann der zweite weggestorben." Ich rechne mit einem unbekannten Bratschenwitz. Doch dann fügt sie ganz ernsthaft hinzu: „Hier hoffe ich wieder ein Quartett fürs Leben zu finden." Dann wird es still und fast ein wenig feierlich. Das erste Quartett hat mit dem Vorspiel begonnen. Mendelssohn, a-Moll. Erster Satz. Respekt.

**Namen der Teilnehmer geändert*

Der Komponist Franz Schubert ist vergleichsweise spät von den „Schwammerl"-Klischees in Interpretation und Sekundärliteratur befreit worden. 1997 aber, zum 200. Geburtstag des Österreichers, schienen die kritischen Ansätze weitgehend den Kitsch den Schatten zu stellen. Die *ZEIT* notierte, wie sich Autoren, Interpreten, Komponisten und Schauspieler am Ende des 20. Jahrhunderts mit Franz Schubert und seiner Musik auseinander setzten.

DIE ZEIT 3. Januar 1997, Nr. 2

Servus, Franzl!

200 Jahre nach seiner Geburt wird Schubert neu entdeckt

Von Eleonore Büning

Selten stellt sich die passende Pointe pünktlich ein. Die besten Einfälle kommen zur Unzeit, irgendwann später, zwischendurch. So ist das bei Prüfungen, so geht es mit Jubiläumsdaten und den dazu fälligen Revisionen. Erst 1981, drei Jahre nach der Feier zur hundertfünfzigsten Wiederkehr von Franz Schuberts Todestag, gelang dem Komponisten Mauricio Kagel der entscheidende Coup: Er befreite den Kollegen Schubert von dessen falschen Liebhabern. Das ging nur gewaltsam ab, nach allem, was vorher gewesen war: Nur mit Gift und Dolch und schwerem Kaliber ließ sich der Bürger noch schrecken.

Kagel schickte Schubert, 65 Jahre nach dem unterschwellig immer noch fortwirkenden Welterfolg von Heinrich Bertés längst vergessener Operette *Das Dreimäderlhaus* (nach dem „Schwammerl"-Roman von Bartsch), noch einmal hinaus auf die Bühne. Wieder gibt Schubert den Tenor. Wiederum spielt das Stück im Dorfe, im Walde. Und so weiter. Aber da werden keine Herzen mehr freudig in alle Rinden eingeschnitten. Da summt stattdessen das Goethchen am Spinnrade den schwarzen Blues („Mmmm!"), da rasseln Riesenhunde mit ihren Ketten („Grrrr!"), blutig ersticht der junge Edward seine Mutter („Ooooo!"), und am Ende gibt Schubert, frei nach Heine und schwer bedrängt von einem feisten, eitlen Kammersänger, zu: „Vergiftet sind meine Lieder!" Worauf der Sänger entseelt zu Boden geht.

Mit solch beinahe brechtschen Taschenspielertricks glückte es Kagel in seiner *Aus Deutschland* genannten Lieder-Oper, die tief ins öffentliche Gedächtnis eingebrannten Bertéschen Kitschglanzoblaten vom tapsigen Franzl und seiner himmlischen, himmlischen Musik wieder ein Stückchen aus der Welt zu schaffen.

Das funktionierte so fabelhaft, weil Kagel genau umgekehrt verfuhr wie Berté. Er hielt sich Schuberts Musik vom Leibe. Andererseits ist das surrealistische Textbuch seiner Oper Silbe für Silbe O-Ton: „Während so die Personen des Stückes ihre Entstehung nachweisbaren Quellen verdanken, kommen in der Regel dagegen keine musikalischen Zitate vor: Es klingt nach Kagel, erinnert jedoch an Schubert." (Kagel, 1981)

Man muss gerechterweise ergänzen, dass dieser geniale Befreiungsschlag schwerlich möglich gewesen wäre ohne die fleißige Kärrnerarbeit der Jubiläumsbiografen drei oder zwei Jahre zuvor. Der Musikwissenschaftler Frieder Reininghaus stellte in seinem Buch *Schubert und das Wirtshaus – Musik unter Metternich* erstmals die politischen Hintergründe von Schuberts Schaffen heraus, und der Romancier Hans J. Fröhlich legte in seinem Schubert-Buch einen starken Akzent auf die Rekonstruktion der historischen Persönlichkeit mittels moderner psychoanalytischer Methoden. Gewiss hatten auch frühere Musikgelehrte, etwa Einstein oder Goldschmidt, schon von der Enge des Schubertschen Elternhauses zu berichten gewusst oder vom kräftelähmenden Klima der Restaurationsepoche. Aber jetzt wurde mit großer Geste ein neues und aktuelles Schubert-Bild an die Wand gehämmert. Beide Entwürfe – der des krisengebeutelten Linksintellektuellen wie auch der vom ödipal zerquälten Kleinbürger – ergänzten sich trefflich und kamen 1978 zur rechten Zeit.

Zunächst folgten weitere Aufklärungsschriften und Bekenntnisse zum neuen Schubert-Bild. Dieter Schnebel verfasste für den *Musik-Konzepte*-Sonderband (1979) einen *Zweiten Versuch über Schubert,* in dem er am Beispiel einer unbekannten frühen Schubert-Sonate (wie schon bereits in seinem ersten Versuch, 1972) aus der Analyse der Zeitstruktur heraus Franz Schubert als einen Zeitgenossen der Moderne auswies: als Bruder im Geiste. Früher, so bekannte Ernst Krenek (1986), sei ihm Schubert nichts als „ein in Wiener Biedermeier-Gemütlichkeit steckengebliebener Dilettant“ gewesen: „Der meisterhaften Konstruktion seiner Periodenbildung, der Kühnheit seiner Modulationen, der Originalität seiner Formgebung kam ich erst nach und nach auf die Spur.“ Und Peter Gülke polemisierte einleitend zu seiner grandiosen Werkbiografie (1991), der simple Grund, warum Schubert wie kein anderer zu allerhand abenteuerlichen Projektionen geradezu einlade, sei darin zu suchen, dass sein Leben so kurz und ereignislos war. Schubert starb mit 31 Jahren. Die Daten und Dokumente seines Lebens sind überschaubar in einem Buch (von Otto Erich Deutsch) zusammengefasst, woraus sich allezeit rasch und bequem ein Schubert-Bild fabrizieren lässt.

Andererseits, Schubert hat in seinem kurzen Leben 998 katalogisierte Kompositionen geschaffen, die immer noch nur zu einem kleinen Teil bekannt sind. Bloß etwa 50 der 600 Lieder gelangten ins Repertoire. Gülke, dessen Buch sich bevorzugt mit der Sinfonik und der Opernmusik befasst, erklärte: „Selbst Schubert als Person läßt sich in seinen Noten eher antreffen als beim Heurigen.“ Wahr gesprochen, aber in den Wind. Denn schon ein Jahr später ging das neue, das „wahre“

Uraufführung 1916: Die Operette „Das Dreimäderlhaus“ rund um „Schwammerl“-Schubert (links) wurde ein Welterfolg

Das Dreimäderlhaus.
FRITZ SCHRÖDTER – FRANZ GLAWATSCH
önnen's mir nöt sagen wer der Liebhaber von der Grisi ist?
L. GUTMANN, WIEN, IX. 1916.

Schubert-Bild in einem viel verkauften, modernen „Schwammerl"-Roman auf, der über die Musik wieder nur sülzt, an die Stelle des rührenden Biedermeiertrottels nunmehr das syphilitische Leidensträ-nentier setzt und im Übrigen dem alten Bartsch im Kitschen nicht nachsteht. Blind aufgeblättert: „Sie ist heiß. Er spürt sie wie eine offene Wunde" (Peter Härtling: *Schubert,* 1992). „Neben ihm sprang heiße, betörende Kunst in die Höhe und blühte weit ausgebreitet auf" (Rudolf Hans Bartsch: *Schwammerl,* 1912). Servus, Franzl!

Ein Zweites, etwas wirklich Neues war die kleine, erstaunlich vielgestalte Flutwelle von interessanten Kompositionen mit Schubert-Bezug, Schubert-Bearbeitungen, Schubert-Widmungen. Die zeitgenössischen Komponisten begrüßten Schubert als Bruder im Geiste – eine Mode, zu der man ergänzend wohl auch weitere Werke mit Hölderlin-, Kafka- oder Schumann-Bezügen rechnen darf. Ja, es war, als entdeckten die Avantgardemusiker in den Achtzigern mit einem Male ihre stille Affinität zur gefrorenen Träne: zum Rhapsodischen, Zersplitterten. Zum genialisch Gescheiterten, sozial Gefährdeten, seelisch Labilen. Zum Unvollendeten und Unaufführbaren. Zum Schweigen, Erstarren, Verstummen.

Es hat natürlich sofort schulmeisternde Versuche gegeben, dieses Phänomen aus der schnurgeraden Parallele zwischen saturierter Kohl-Ära und stillgelegter Metternich-Zeit zu erklären. „In solchen Zeiten", bemerkte Hartmut Lück mit leisem Vorwurf, „nach dem Ende aller Utopien gibt es keine revolutionären Neuerungen in den Künsten, sondern die Wahrung eines ästhetischen Besitzes und die Reflexion darüber, den zitierenden Rückblick ..." Nicht zu vergessen: die Koketterie. Lustvoll gab man sich in den Achtzigern dem erhebenden Gefühl großer Mattigkeit hin. Die sicherste Nummer war wieder die des Fremdlings im eigenen Lande. Und der Zeitgeist erfand sich Konzertreihen mit so retrospektiven, romantischen Titeln wie „Inselmusik" oder „Wintermusik". Luigi Nono, im Laufe eines langen, tätigen Lebens des Glaubens an die historische Kraft der Arbeiterklasse verlustig gegangen (freilich nicht zugleich des Glaubens an Utopien), besann sich auf das Schubert-Motiv des Wanderers, dem der Weg zum Ziele wird, die Zeit zum (Aufenthalts-)Ort. Daneben gab es die soliden musikalischen Gedenksteine, nach alter Zunfttradition: etwa das Epitaph *Three Voices* von Morton Feldman, eine Schubert-Totenklage aus dem Jahre 1982. Oder György Kurtágs *Hommage à R. Sch.* mit dem Mahlerschen sechsten Satz. Oder aber Peter Ruzickas Fragmente *Annäherung und Stille,* Bredemeyers *Winterreise.*

Reiner Bredemeyer, wie Biermann 1954 aus der Adenauer-BRD umgesiedelt in die Ulbricht-DDR, komponierte politische Gebrauchsmusik. Auch seine Komposition der *Winterreise* anno 1984 ist ein Kommentar zur aktuellen Lage, nachdem Wolf Biermann wieder zwangsweise zurückgesiedelt worden war. Bredemeyer vertont Wilhelm Müllers Gedichtzyklus *Aus den hinterlassenen Papieren eines reisenden Waldhornisten* noch einmal neu, weil ihm die vormärzliche Schärfe dieser Texte („der tödliche Ernst der Situation, in der sich der ‚Reisende' permanent befindet") in der Schubertschen Version („eine elegische Privatgeschichte") zu schön verschleiert ist: „Vielleicht sind die vielen Fragezeichen – 25 Stück! –, die den Müllerschen Text durchwuchern, so verdammt zeitgenössisch und uns notwendig vertraut. Meine sicher durch die DDR geprägte Lesart dieser Flucht eines gefeuerten Liedermachers muß, glaube ich, sehr, sehr trocken, absolut, unbedauernd und distanziert, nicht einmal anklagend vorgestellt werden."

Trotz demonstrativem Abstand: Bruder Schubert bleibt nahe. Bredemeyer stellt einen Kammersänger (Bariton) ans Klavier. Er rekonstruiert die Originaltexte in Original-Reihenfolge, gibt dem Sänger ein Original-Waldhorn zur Seite und eine topografische Skizze mit auf den Weg, die wie eine Schatzsucherkarte in Planquadraten die 24 Stationen der Reise verzeichnet: „Die Krähe", „Täuschung" und so weiter, bis hin zu einer deutlichen Demarkationslinie, von der der Wanderer (*Muth!*) aufgehalten wird. Bis hierher, nicht weiter. An sein Ohr dringen aber die Schallwellen lockender Todesbotentöne, die Sirenenklänge des Leiermanns, von „drüben".

Udo Samel als Franz Schubert: Im Fernsehfilm „Mit meinen heißen Tränen" von 1986 wich das Biedermeier dem Psychogramm

So dröge, ja bieder diese *Winterreise,* Version Ost – so reich und elegant die neue *Winterreise,* Version West. Hans Zender nannte seine Schubert-Adaption (1993), die vor allem den Klavierpart zu einem üppig illustrativen Orchestersatz auffaltet, zwar im Untertitel schlau und bescheiden bloß eine „komponierte Interpretation". Er beruft sich damit auf das gute Recht jeder Aufführung, die einen toten Notentext zu klingendem Leben erweckt. Das heilige historische Original ist ein Fetisch, jede Interpretation die individuelle Neuerschaffung eines Werks. Zender will gar nicht „nach einer neuen, expressiven Deutung" von Schuberts Musik suchen, sondern nur „systematisch von den Freiheiten Gebrauch machen, welche alle Interpreten sich normalerweise auf intuitive Weise zubilligen: Dehnung bzw. Raffung des Tempos, Transposition in andere Tonarten, Herausarbeiten charakteristischer farblicher Nuancen. Dazu kommen die Möglichkeiten des Lesens von Musik: innerhalb des Textes zu springen, Zeilen mehrfach zu wiederholen, die Kontinuität zu unterbrechen …“

Das Ergebnis dieser schönen Anstrengung, wenn auch erfolgreich mehrfach mit erstklassigen Musikern (Hans Peter Blochwitz und dem Ensemble Modern) aufgeführt und auf CD verewigt, ist eher peinlich. Gewiss, die Bearbeitung soll uns eigentlich nur die Ohren ausputzen und wieder öffnen für die „existentielle Wucht des Originals“. Aber viel zu bekannt ist jede Nuance, viel zu genau platziert jeder Effekt und jede Leerstelle der Schubertschen Komposition, als dass sie durch Verdoppelung, Verstärkung oder Ausfüllung etwas gewinnen könnte. Im Gegenteil: Das Geheimnis verblasst, wenn man mit Fingern darauf weist. Und gerade die leisen Kommentare im Klavierpart, die spitzen Staccato-Nadelstiche, das jagende Echo, das Knistern der Schritte auf dem Eis erscheinen, ins helle Licht der Orchesterfarben gezerrt und mit Schlagzeugeffekten oder Windmaschine aufgemöbelt, wie schlechte Filmmusik: fatal banal.

Seltsam zu sehen, wie jede neue Schubert-Adaption mehr verrät über die Defizite der Interpreten als über Schubert und seine Musik. Zu dem Ohrenausputzen, höhnte der Komponist Hans-Jürgen von Bose vor zwei Jahren in einer Debatte des Bayerischen Rundfunks („Schubert heute?“), gehöre zuerst einmal „das Kopfausputzen“. Schuberts Musik einseitig von der Todesthematik her zu sehen, das sei nur die Kehrseite der Dreimäderl-Idylle. „Wieso“, fragte Bose, „wehrt sich eigentlich niemand gegen Schuberts Musik? Diese Musik hat in ihren stärksten Momenten solch defaitistische Gewalttätigkeit, dass ich wirklich sagen muß, ich kann es nicht begreifen, wie man diese Musik platterdings genießen oder schön finden kann. Dem liegt ein gewisser Masochismus zugrunde.“ Und wieso ranken sich die postmodernen, masochistisch erregten Schubertianer wieder und wieder an der *Winterreise* empor? Wieso bearbeitet, verfremdet man nicht einmal beispielsweise *An mein Herz* (D 860) oder die *Nacht-Hymne* (D 687)? Oder singt sie wenigstens, diese oder andere der unerkannten Schätze des unbekannten Schubert, der doch so „unmenschlich fleißig" gewesen war, wie Moritz von Schwind 1824 in einem Brief an Freund Schober schrieb?

Immerhin, jenseits der Polemik um die Herzbefindlichkeiten hat das Kopfausputzen, das mit dem letzten Schubert-Jubiläum vor zwei Dekaden begann, doch einiges ans Licht gebracht. Zwei Opern, *Fierabras* und *Des Teufels Lustschloß*, wurden für die Bühne wiederentdeckt, auch das *Lazarus*-Fragment, ergänzt von Denisov, wieder aufgeführt, und die Plattenfirmen wagen sich sogar an Gesamteinspielungen auch marginaler Werkgruppen: alles Vierhändige zum Beispiel ... Ja, sogar die *period players* mit ihrer bewährten Detailversessenheit sind mittlerweile im Vormärz angelangt, was im Glücksfall zu so stürmischen Interpretationen führt wie der der Klavierstücke D 946 durch Andreas Staier oder, im vorigen Jahr, der der c-Moll-Sinfonie, der so genannten „tragischen" (D 417), durch Nikolaus Harnoncourt mit den Berliner Philharmonikern. Auch dem Schubert-Lied ist, nicht zuletzt dank der historischen Aufführungspraxis, eine neue, bessere Zeit angebrochen.

Wenn Christoph Prégardien die *Schöne Müllerin* singt, am Johann-Fritz-Hammerflügel begleitet von Staier, dann ist daran nichts Herziges, Neckisches mehr. Kein Gramm Kammersängerschmalz, nicht die Spur von geistreichelndem Pathos. Eine kühle, keusche Evangelistenstimme, ein scharfer, klarer Klavierton, beide gemeinsam in dramatischer Klangrede begriffen. Was einst die unbestrittene Domäne Dietrich Fischer-Dieskaus war: das „denkende" Singen, das ist jetzt für die Sänger der jüngeren Generation eine Selbstverständlichkeit. Auch die Gesamtaufnahme aller Schubert-Lieder, 1986 von der britischen Firma Hyperion begonnen und bis zur Ausgabe Nummer 24 *(„A Goethe Schubertiad")* vorangetrieben, setzt auf diese jungen Stimmen: Christine Schäfer, Thomas Hampson, John Mark Ainsley. Pünktlich fertig, wie geplant, wird man damit im Jubiläumsjahr 1997 nicht.

Dafür kommt zur Feier der zweihundertsten Wiederkehr von Schuberts Geburtstag manch Gutes wieder, und ist sogar noch besser geworden: Gülkes Buch gibt es in zweiter, revidierter Auflage; Fischer-Dieskau hat eine reichlich erweiterte und verbesserte Fassung seiner bewährten Monografie über Schuberts Lieder erarbeitet. Und die *Musik-Konzepte* versprechen, ihren längst vergriffenen Schubert-Sonderband noch einmal aufzulegen und darin auch die weiland zum Schnebel-Aufsatz falsch abgedruckten Notenbeispiele zu korrigieren. Dann gibt es auch noch drei neue Schubert-Bücher, die ohne den Aufbruch der Achtziger gewiss so nicht geschrieben worden wären. Das eine, von Friedrich Dieckmann, ist sogar zur gleichen Zeit entstanden wie Kagels Lieder-Oper, aber damals in der Schublade liegen geblieben und erst jetzt „ergänzt und zu Ende geführt", wie der Autor lakonisch vermerkt.

Die Distanz hat dem Buch gut getan. Dieckmann handelt nach wohltuend altmodischer Art die Lebensumstände und das Œuvre seines Helden nach Kapiteln („Hauptstücken") getrennt ab. Aber er tut nicht so, als sei sein Standpunkt objektiv und seine Sicht der Dinge historisch unbedingt korrekt. Er zweifelt, er zitiert fleißig, und er leistet sich kleine oder große Exkurse: „vom Dämonischen", „vom Genie". Wie Reininghaus analysiert auch Dieckmann die politische Landschaft um Schubert – aber er hat das Glück der besseren Quelle (Charles Sealsfield); wie Fröhlich fragt er nach Schuberts Seelenleben – aber nicht posthum psychoanalytisch, sondern von zeitgenössischen Berichten ausgehend, von Bildbeschreibungen und von dem, was hinter diesen Bildern steckt: spannende Geschichten, herrlich erzählt. Nur wo er zum Eigentlichen vorstößt, da ermattet Dieckmanns schön gespitzte Feder ein wenig und stochert im Deskriptiven herum. Das alte Problem: Wie die Musik beschreiben?

„Mit dem Wort ‚da hörte ich' ließ ich die Musik eintreten" – kündigt Ernst Nowak gleich zu Beginn seiner Prosabilderfolge *Schubert spielen* an. Dabei gibt es in dem schmalen Buch auch im Folgenden nichts zu hören. Oder etwa doch? Nowak liefert seinem Leser witzige Spie-

gelgefechte, ein labyrinthisch verrätseltes Doppel- oder auch Tripelporträt: ich oder ich oder ich? Wer war Schubert, wer ist Nowak? Wie Härtling mag der Autor für sich in Anspruch nehmen, dass er kein Biograf, sondern ein Poet ist. Aber im Unterschied zu Härtling weiß Nowak umzugehen mit seiner dichterischen Freiheit – und außerdem greift er weniger für Schubert in die Harfe als vielmehr für das moderne Schubertianertum. Da kennt er sich aus, da treibt er die Karikatur bis zur blutigen Selbstzerfleischung. Wie unendlich fade nimmt sich daneben das dicke Prunkbuch von Michael Stegemann aus!

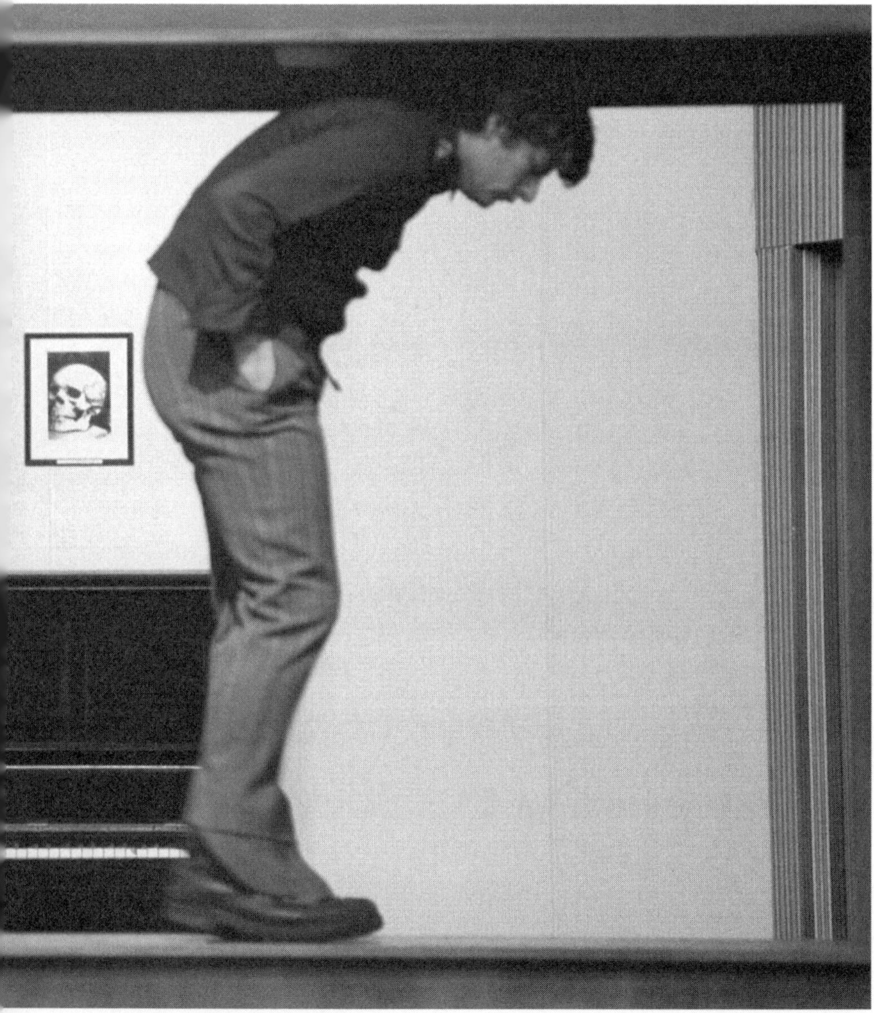

Tod und Mädchen überm Klavier: In Christoph Marthalers Inszenierung der „Schönen Müllerin" (2002) wird Schubert tragikomisch

Der Musikwissenschaftler Stegemann, auch als Rundfunkautor vielbewandert, hat allen Ernstes versucht, als Ghostwriter nachträglich Schuberts Tagebuch zu Papier zu bringen. Das ist, mild gesagt, gescheitert, obgleich der Autor bienenfleißig alles Erdenkliche zusammengetragen hat, was zu Schuberts Zeit und in Schuberts Kreisen Tag für Tag gedacht, erlebt, erfahren worden sein mag, vom Wetterbericht bis zur Wirtshausrechnung.

Stegemann ist so berauscht und versackt im Überfluss seiner authentischen Quellen, dass ihm jedes Maß des Schreibhandwerks abhanden gekommen ist. Er lässt Schubert einfach drauflosschwatzen, in einem nicht enden wollenden Monolog, in dem es dann auch noch menschelt und wienert und gemeinplatzelt, ja schwammerlt, dass dem armen Leser das Hören und Sehen vergeht. Nein, kaufen und lesen muss man das nicht. Aber hören sollte man's doch! Stegemann hat seinen Schubert-Monolog nämlich erstverwertet als Skript einer Radiosendung, die in 365 Teilen über das ganze Schubert-Jahr hinweg täglich ausgestrahlt wird, von vier Sendern in Deutschland und der Schweiz. Dieser *Schubert-Almanach* ist ein verwegenes Radioprojekt, eine Koproduktion, wie sie in der Geschichte des Rundfunks noch nie da gewesen war: unser täglich Schubert!

Wohl nur mit Schubert ist so etwas überhaupt denkbar. Und nur im Radio! Denn Funktexte folgen anderen Gesetzen als die Printprosa, man kann nicht zurückblättern, auch Peinlichkeiten versenden sich rasch und verfliegen im Äther. Zumal wenn einer wie Udo Samel hinter dem Mikrofon sitzt, einer der großen Sprecher, der selbst schlechte Texte so lesen kann, als seien sie reines Gold. Samel ist Schubert 1997, er spielt sogar in dieser Sendung zuweilen selbst Klavier, spielt den Kleinkram, Skizzen, Fragmente … Ja, das muss sein, wer sollte das sonst spielen?

Schließlich will der *Schubert-Almanach* in diesem Jahr den ganzen Schubert zum Klingen bringen: 998 katalogisierte Werke und noch ein paar nichtkatalogisierte dazu, was schon ein paar teure Neuproduktionen gekostet hat. Wer jetzt täglich eine knappe halbe Stunde Radio hört, der erwirbt sich, wer weiß, bis Jahresende abermals ein neues, anderes Schubert-Bild.